Los refugiados de la guerra

David Solar Cubillas
Ilustraciones de Juan Manuel Cicuéndez

Nota del autor antes de leer este cuento:

Esta no es una historia real, pero peripecias similares, y aún más rocambolescas hubieron de vivir nueve millones de alemanes, que abandonaron sus hogares en Prusia, Pomerania, Silesia o Polonia o las Repúblicas bálticas en los últimos meses de la guerra. Las fechas, los lugares, los acontecimientos bélicos que se mencionan son reales, así como también lo son las ciudades o los ríos aunque ahora se hallen en otros países y tengan otros nombres.

NOTA: Algunas palabras destacadas o de más difícil comprensión aparecen en un vocabulario al final del libro.

ISBN:84-216-1654-4
Depósito legal: M-39526-1991
Impreso en España - Printed in Spain.
Impresión: MELSA.
Fotocomposición y fotomecánica: SISTEGRAF.

Sttutgart, junio de 1945

ESTOY en una ciudad extraña poblada de ruinas, hambriento, rodeado de gentes macilentas, de miradas huidizas. Soy un refugiado procedente de Prusia Oriental, llegado como otras docenas de millares a esta región, también devastada por la guerra. No tengo, sin embargo, demasiado tiempo para lamentar mi negra suerte ni la de mi patria, destruida y ocupada. He de administrar bien mi tiempo si quiero sobrevivir y hallar a mi familia.

Un tercio del día se me va en buscar alimentos, cuestión verdaderamente difícil porque no tengo dinero, ni parientes, ni trabajo y, además, la comida es muy escasa. Afortunadamente, tengo quince años, soy fuerte y ágil... y, por suerte, estamos a finales de la primavera: no hace frío y comienzan a florecer los campos. Salgo todos los días, muy temprano, de la ciudad y como buen campesino conozco las raíces comestibles, busco puerros y espárragos silvestres y recojo leña. De esta manera me aseguro una parte de la alimentación y, a veces, algún dinero. También me dedico a rondar a los soldados norteamericanos: hablo pasablemente inglés y les hago recados, transporto paquetes, limpio zapatos, sirvo de intérprete y recibo a cambio alguna propina, un bote de leche condensada, queso o mantequilla salada o chocolate o cigarrillos, mercancía muy apreciada en la economía de trueque, impuesta aquí por la miseria...

Vivo en una buhardilla bastante decente, aunque peligrosa. Una bomba barrió la escalera del edificio y para llegar hasta *mi casa* he de hacer equilibrios sobre una pared no muy segura y, luego, trepar por un resto de la barandilla metálica que no destruyó la bomba. Llego, así, al descansillo, apenas medio metro cuadrado donde poner los pies... En la casa debió vivir un matrimonio joven, que salió un día precipitadamente, dejando buena parte de sus pertenencias, y que jamás regresó... Aquí duermo y realizo alguna de mis parcas comidas.

El resto del tiempo lo paso cerca de las carteleras que se exhiben por toda la ciudad. Están llenas de papelitos, de escuetos avisos cargados de emoción contenida. Uno de ellos, por ejemplo, dice: *Busco a Hans Gahern. Le quiere Marlen. Localizadme en...* Yo tenía mis mensajes colocados en docenas de estas carteleras y en las puertas de todos los templos: *Busco a los Busse: Ana, Clara, Eva, Klaus, Erika y Pierre. No os olvido, Alfred.* Si tuviera dinero, pondría mi anuncio en el periódico, pero como no lo tengo, multiplico mis llamadas y recorro incansablemente la ciudad a ver si alguien me responde. Y, entre tanto, trato de sobrevivir entre estas ruinas y miseria, esperando la llegada de los míos.

Pero vosotros os preguntaréis: ¿qué hace un chico ahí, sin familia y lejos de su casa? Os lo contaré. Estamos a comienzos de junio de 1945, en Stuttgart; Hitler ha muerto hace cinco semanas; Alemania se ha rendido hace un mes. Escapando hacia el sudoeste del país, huyendo de la amenaza rusa, mi familia se ha desperdigado. ¿Estarán aún vivos? ¿Habrán logrado escapar del reclutamiento de la *Volkssturm*, la milicia popular movilizada a última hora para tratar de frenar a los soviéticos? El futuro resolverá mis angustiosas preguntas, pero mi historia comienza más lejos.

El matrimonio Busse

VIVÍAMOS, ya lo he dicho, en Prusia Oriental, al nordeste de Alemania, cerca de la frontera con Lituania. La familia de mi madre era de Haussen: campesinos en buena situación económica. Un día los abuelos y mamá fueron de compras a Königsberg, la capital prusiana, y allí se cruzó en su camino un capitán, Karl Busse, mi padre. Eso ocurrió, creo, hacia 1925.

Mamá, Clara Mattern, se enamoró perdidamente del oficial y, pese a las advertencias de mis abuelos, nada prusianos en sus ideales, decidió casarse con su militar. Pronto papá fue destinado a una nueva unidad de blindados que estaba formándose cerca de Berlín. Allí le acompañó mi madre y allí nació mi hermana, Eva, en 1927. Al parecer, mamá no se recuperó bien del parto y, para mayor desdicha, mi hermana crecía desmadrada y con el modesto sueldo militar de mi padre no se podían adquirir, en aquella Alemania empobrecida por la Primera Guerra Mundial, los alimentos especiales que ambas precisaban.

En estas circunstancias, mi madre y mi hermana regresaron a Haussen, donde ambas se recuperaron bajo los cuidados de mi abuela, Ana. En la granja, pese al racionamiento y las requisas, había leche abundante, huevos, hortalizas en verano y otoño y, siempre, pan moreno y patatas... Papá hubo de resignarse a vivir lejos de su familia, reuniéndose con ella durante los permisos y siempre esperando un destino en Prusia. Por eso yo nací en Haussen, el 12 de octubre de 1929. Me bautizaron con el nombre de Alfred, como mi abuelo.

No tengo grandes recuerdos de mis primeros años, seguramente muy felices en aquel pueblo próximo al mar, rodeado por el cariño de los míos y de los criados, Klaus, Erika y de Lothar, que también eran como mi familia. Erika había llegado a la granja muy joven y mis abuelos la contrataron como criada cuando mi madre era aún una niña pequeña. Klaus y Erika se conocieron en la hacienda de mi abuelo, se casaron y se quedaron a vivir en la casa vieja, junto al granero.

Cuando yo nací andarían por los treinta y siete o treinta y ocho años. Su única parentela éramos nosotros y Lothar. Éste tenía diecisiete años cuando yo vine al mundo. Su padre murió en la Gran Guerra, en Francia, y perdió a su madre cuando aún era un niño. Fue recogido por mis abuelos cuando yo contaba unos diez años. Vivía con Klaus y Erika, que le querían casi como al hijo que nunca tuvieron.

Si me he extendido un tanto en la descripción de nuestros criados es porque, desde que nací, jugaron un papel muy importante en mi vida. Klaus, por ejemplo, me enseñó a montar a caballo, mientras que Lothar me construyó las primeras pelotas de trapo y los primeros tiragomas... Pero de aquellos mis primeros años, de parte de mis padres, mi recuerdo más especial es para el abuelo; su rostro se desvanece en el tiempo y debo recurrir a una fotografía para situarle con claridad. Sin embargo, puedo reconstruir muy bien algunas de las historias que me contaba, mientras fumaba su pipa, cuyo aroma tantas veces he creído identificar después de su desaparición.

La muerte del abuelo ocurrió en el invierno de 1934. Vagamente le recuerdo cubierto de nieve cuando entró en casa aquella noche. El gorro de piel estaba duro como el hielo y su capote, empapado; los amplios mostachos con las guías hacia arriba, a la antigua usanza, se hallaban poblados de escarcha, lo mismo que sus abundantes y blancas cejas. Penetró en casa tosiendo, junto con un remolino de nieve y comenzó a sacudirse desmañadamente el agua y el hielo de sus hombros.

Tras una bronca con la abuela y con mi madre, que le obligaron a meterse en la cama después de haberle secado a conciencia, pude escabullirme hacia su cuarto y situarme junto a su lecho, esperando que me apresara entre sus grandes y callosas manos y me levantara hasta su alta cama, donde tantas veces había escuchado sus historias... Pero el abuelo tosía y siguió haciéndolo, pese a los ponches de miel, leche y aguardiente, durante toda la noche. Ya no volvería a verle en pie. La pulmonía lo mató una semana después.

La tristeza por la muerte del abuelo me fue pronto compensada porque papá pidió la baja en el Ejército y se hizo cargo de la granja, que gracias a su trabajo y buena organización y —hay que decirlo—, gracias también a la excelente marcha de la economía alemana en aquellos años, prosperó hasta convertirse en una de las más ricas de la región.

Cuando fui a la escuela, a los seis años, descubrí, entre otras cosas, la política, aunque no podía yo por entonces precisar muy bien qué significaba esta palabra tan empleada por los adultos en sus conversaciones. En la escuela había un

gran retrato de Hitler, al que el maestro parecía profesar suma admiración, cosa que me sorprendió porque en mi casa no tenía muchas simpatías, y mi padre, ante sus amigos, siempre se refería a él como *el pequeño cabo austriaco**... Con el tiempo, sobre todo, después de la anexión de Austria y de Los Sudetes, cambió de opinión y muchas veces le oí comentar:

—El pequeño cabo austriaco les está metiendo en cintura —y en su voz no había ni una pizca de burla.

Ese cambio fue notándose más cada día. Recuerdo muy bien que, en la primavera de 1939, nos llevó a todos a la feria de Königsberg. Había desfile militar y lo presenciamos. Mi padre estaba tenso, pálido y emocionado ante las músicas militares y el recio paso acompasado de los soldados. Pero lo que le dejó auténticamente asombrado fue el rodar de los carros de combate, que avanzaban incontenibles, levantando chispas sobre el suelo y haciendo vibrar la calle.

Al finalizar el desfile se encontró con un compañero, un comandante de carros, Manfred, al que terminó por invitar a comer con nosotros y con quien pasó el almuerzo y la sobremesa hablando de cosas militares.

Ya tarde, regresamos a casa. Conducía papá nuestro flamante Mercedes, ensimismado, como ausente, respondiéndonos a todo apenas con monosílabos. Esa noche, papá y mamá discutieron. No es que fuera un gran escándalo, pero las discusiones entre mis padres eran muy raras, y por eso Eva y yo nos levantamos y escuchamos tras la puerta:

—¡No ocurre nada, Clara! Simplemente mi amigo Manfred ha estado contándome anécdotas de estos cuatro años que llevo fuera del Ejército...

—¡No te puedo creer, Karl! Durante dos horas sólo has podido escucharle a él y en más de una hora de viaje apenas has dicho una palabra, ¿tanto te envenena aún el Ejército...? —preguntó mi madre.

—¡No, mujer, no! Se trata únicamente de que me ha dado mucha alegría comprobar el progreso de Alemania y la modernización del Ejército. Los países que nos humillaron hace veinte años tiemblan ahora ante la amenaza de encontrarse de nuevo frente a nuestras armas —respondió mi padre, alzando el tono de voz.

Recuerdo nítidamente aquella discusión porque se repetiría varias veces por aquellas fechas. De cualquier forma, no hubiera tenido gran incidencia en la vida familiar si no hubiese ocurrido lo de septiembre de 1939.

El verano del treinta y nueve

EL verano fue maravilloso y más cálido de lo habitual. La mayoría de los días, Eva y yo nos bañábamos en el río, acompañados por mamá o por Erika. Los domingos —si no iba a Königsberg— también estaba papá, que era aficionado a pescar en una zona próxima a la que utilizábamos para el baño. A veces venían a casa amigos de Eva y nos lo pasábamos muy bien persiguiéndonos por las eras o escondiéndonos en los mil recovecos de la granja.

Mamá, sin embargo, estuvo tensa e intranquila durante todas las vacaciones, por más que papá se mostrase muy cariñoso con ella y de que Eva y yo, intuyendo que pasaba algo, tratásemos de ser aún más obedientes y ordenados. La tensión aumentaba sensiblemente los domingos que papá viajaba a Königsberg. Solía volver tarde, de modo que Eva y yo, fingiéndonos dormidos, espiábamos aquellas conversaciones:

—¿Qué tal por la ciudad? —le decía mi madre.

—Bien, nada especial. Estuve un rato con Manfred —señalaba mi padre.

—¿Un rato? ¡Te pasaste el día con él y con sus amigachos...! ¿O no fuiste a eso?... Me parece un disparate que te pases dos horas en la carretera y que no

estés con tus hijos el domingo por irte con esos fanáticos... ¡Ellos, sus armas y revanchas...! Nos llevaréis a la perdición...

—¡Vamos, vamos, cariño, que no es para tanto! Clara, son días difíciles... No se te oculta que está a punto de ocurrir algo. Aquí, aislados en el campo, no nos enteramos de nada por las informaciones oficiales... En efecto, he estado con Manfred y otros oficiales... Ninguno de ellos tiene muy claro lo que va a ocurrir, pero saben que algo sucederá muy pronto. Las plantillas de las unidades de guarnición en Prusia están al completo; se han suspendido los permisos a la tropa y las reservas de municiones en los polvorines rebasan con mucho las dotaciones reglamentarias... Mis amigos tienen noticias similares de las demás guarniciones del norte de Alemania; todo el mundo está concentrándose. Es seguro que vamos hacia la guerra.

—¡Dios mío, Karl! ¡Estás hablando con toda naturalidad de la guerra...! Es espantoso. Pero, ¿quién nos atacará o a quién atacaremos?

—No lo sé, pero parece lógico suponer que el objetivo será Polonia. El Führer quiere terminar con la ofensa de Danzig...

—¡Qué horror, la guerra... y, además, a la puerta de casa!

—¡Tranquila, no pasa nada! Será una minicampaña. Ganaremos y rápidamente liquidaremos la cuestión de Danzig y volverá la paz.

—¡Oh, Karl, te llamarán de nuevo al Ejército! ¡Qué desgracia...!

—No te angusties: no me llamarán. Ya lo he investigado. Tu viejo marido tiene cuarenta años. No quieren antiguallas oxidadas en este nueva *Wehrmacht.*

—Dios nos ampare, querido. Me muero de angustia pensando en ti y en los niños...

—No ocurrirá nada, ya lo verás.

Los acontecimientos siguientes nos recordaron esta conversación en multitud de ocasiones. De pronto, circulaba la noticia de que se habían suspendido los permisos de los soldados y que se les ordenaba incorporarse rápidamente a sus unidades; o se esparcía el rumor de que tal o cual carretera estaba atascada por vehículos militares; o alguien que llegaba de Königsberg aseguraba que era imposible transitar por la ciudad, porque estaba llena de soldados y camiones del Ejército...

Pero todo era un tanto lejano, distante, como si no nos afectara. Lo importante eran los últimos días de las vacaciones, el olor de los campos de cereal recién segados o de los silos repletos de heno o el cri-cri perezoso de los grillos; las mañanas llenas de luz, con las sábanas sobre la cabeza y mi madre bronqueándonos porque el desayuno se había enfriado; las tardes en el río... A mediados de agosto comenzó a llover. Casi era un consuelo que se terminase el buen tiempo con los días de vacaciones.

Comenzamos las clases. Al bullicio habitual del comienzo de curso, a la alegría del reencuentro con los compañeros, se unía el gran rumor: la guerra era inminente.

Una madrugada ocurrió lo que todos parecíamos estar esperando desde hacía dos semanas. Un ruido ensordecedor hizo temblar toda nuestra vieja casa y los cristales vibraban de tal forma que parecía que iban a romperse. Me desperté sobresaltado y salí corriendo al pasillo chillando, aterrado. Mi padre también salió de su habitación y me abrazó contra él, ahogando mis gritos.

—No ocurre nada, hijo. Sólo son aviones, una escuadrilla que ha pasado sobre nosotros volando a muy baja altura...

Todos nos hallábamos en el pasillo, incluso la abuela. Nos reunimos en torno a la radio. Papá sintonizó la emisora. Un locutor, después de unos minutos de animadas marchas militares, comenzó a leer un comunicado en el que se decía que, ante las continuas provocaciones de los polacos, el Ejército alemán se había visto obligado a responder... Nuestras tropas estaban penetrando en Polonia...

Mi padre, emocionado, pálido y un tanto nervioso, nos miró detenidamente a todos, uno por uno, que nos apretujábamos contra mi madre, con la piel de gallina, pues hacía frío y sólo teníamos puestos los pijamas, y le mirábamos atónitos... Finalmente, mi madre comenzó a llorar, casi imperceptiblemente, seguida por la abuela...

—¡Tranquilízate, Clara! ¡Nos vas a desquiciar los nervios! Para empezar, no creo que corramos peligro. Sé por los oficiales de la *Luftwaffe* que la aviación polaca es muy inferior a la nuestra y será borrada del cielo en pocos días... No seremos bombardeados. La guerra será corta. Ganaremos y nuestra prosperidad será aún mayor con Danzig bajo bandera alemana... Y no te preocupes, no nos movilizarán ni a mí ni a los criados... Hay muchos soldados y oficiales jóvenes en Alemania...

Y lo dijo con acento apenado, como si le hubiera gustado estar en el frente, vengándose de la rendición de la Primera Guerra Mundial... Se pasó la mañana frente a la radio, escuchando las charangas militares y los partes de guerra. Nuestras tropas avanzaban en todos los frentes y él no estaba allí, disfrutando de la revancha...

Poco a poco se normalizó la vida. Las clases en el colegio eran como antes, con la única diferencia de que el maestro colgó en la pared un gran mapa de Polonia y por las chinchetas de colores podíamos seguir la situación de los ejércitos alemanes. Papá iba con regularidad a Königsberg, donde no conseguía mucha más información de la que nos llegaba por la radio. La verdad es que comenzó a estar menos eufórico que en los primeros días de la guerra... La declaración de beligerancia por parte de Francia e Inglaterra le llenaba de intranquilidad... La lucha podría ser más larga de lo que había pensado... Un día, sin embargo, regresó feliz.

—¡Familia, esto va bien! —nos dijo nada más entrar en casa—. La guerra ya está ganada en Polonia. Nuestras pérdidas han sido muy ligeras y todos creen que, liquidado esto, Inglaterra y Francia aceptarán los hechos consumados...

Recuerdo que aquel invierno de 1939-40 pasó volando. Santa Klaus* me regaló unos esquíes nuevos, y mi padre, con repentina afición a esquiar, me anima-

ba a ir con él cada vez que tenía un día libre. Juntos, sin otro ruido que el *sas-sas* de las tablas sobre la blanca y mullida nieve, recorrimos muchos kilómetros y alcanzamos lugares recién estrenados por mí. Bordeamos grandes bosques de abetos y hayas y esquivamos las tierras pantanosas, cuya superficie estaba helada. Más tarde pude saber el motivo de los largos paseos: mi padre se preparaba físicamente para el retorno al Ejército. Él sabía muy bien que si, finalmente, Alemania tenía que enfrentarse a ingleses y franceses, debería reincorporarse a la *Wehrmacht*.

Fueron unos meses muy agradables. La familia, consciente del peligro que compartía, se había ido apiñando aún más. Mi padre, seguramente presintiendo que debería alejarse pronto de nosotros, se mostró durante aquella época todavía más amable de lo acostumbrado, y aprovechaba todas las oportunidades para enseñarnos cosas prácticas relativas al manejo de la granja. Un día, de forma solemne, me dijo:

—Alfred, ya tienes diez años. Debes ser más responsable cada día. Si yo faltara, tú serás el hombre de la casa.

En esos meses se empeñó en enseñarme minuciosamente el manejo de la granja. Las fechas precisas para el abonado de las tierras y su sembrado; las mejores semillas; el fertilizante de mayor rendimiento; la época mejor para la cose-

cha, las formas de curar un animal o arreglar una máquina; cómo mandar a los criados, o la manera de vender el fruto de tanto esfuerzo...

He de reiterar que fue un invierno feliz aquel del primer año de la guerra. Una oleada de alegría invadió Prusia tras la recuperación de Danzig. Había más trabajo, mayor actividad industrial y mejores precios agrícolas; más dinero y, en general, una gran euforia. Esto se notó, sobre todo, cuando nuestras tropas se apoderaron de Noruega. Nuestra flota había desafiado a la británica, la había burlado y nuestras tropas habían vencido a los aliados en los helados frentes noruegos. En el mapa de la escuela, las banderitas de la cruz gamada se habían hincado decididamente en el norte de Europa.

Pero, ¿qué iba a pasar en el sur? ¿Se había terminado la guerra con la batalla de Polonia y la de Noruega, o estábamos comenzando? Lamentablemente, tal como temía mi madre, aquello sólo acababa de iniciarse. En la madrugada del 10 de mayo de 1940, nuestros ejércitos se pusieron en marcha hacia Bélgica, Holanda, Luxemburgo y Francia. Fue una avalancha de hombres, tanques y aviones que, con un entrenamiento superior, barrieron toda resistencia...

Mi padre instaló en casa su mapa lleno de chinchetas de colores y banderitas, siguiendo los ininterrumpidos partes militares victoriosos. Fueron los días de la revancha para los hombres derrotados en esos frentes veintidós años antes...

Pero, aun dentro del enardecido ambiente, también los alemanes comenzaron a sufrir. Un día llegó a la granja la orden de que Lothar se incorporase al Ejército.

—¡Tranquilo, muchacho! —le animó mi padre—. Se trata de una simple precaución. Hay que actualizar vuestro adiestramiento militar, pero veréis la guerra de lejos. La campaña ha terminado...

Lothar, grandote, tranquilo y sencillo, se despidió brevemente de todos, tomó su pequeña maleta y subió al coche de papá, que desapareció en el camino envuelto en una nube de polvo... Nunca más volvió. Quedó muerto por la metralla en algún lugar de Grecia, donde, al parecer, nuestra victoria también fue muy fácil...

Cuando llegó la época de la siega, en el verano de 1940, sucedió algo que nos entretuvo durante días. Como era imposible hallar obreros agrícolas alemanes, nos enviaron extranjeros. Al pueblo llegaron bastantes polacos y algunos franceses. Yo deseaba que el nuestro fuera francés, de París, aquella ciudad fascinante de la que contaban maravillas quienes la habían visitado... Los polacos no eran novedad alguna: desde siempre fueron bastante numerosos en Prusia, a donde llegaban en busca de trabajo. Un día de septiembre, extrañamente vestido, pálido, flaco y barbudo, nos trajeron a casa a nuestro extranjero.

Se llamaba Pierre, era de cerca de Colmar, de elevada estatura, poderoso esqueleto y cuello corto. Un tipo decepcionante, totalmente contrario a aquellos *apaches** de París que yo había visto en las revistas. Pierre era de modales toscos, parecía permanentemente asustado y era muy tímido y, aunque hablaba alemán bastante bien, apenas si respondía con monosílabos.

Mi padre, sin embargo, le tomó rápidamente aprecio. Decía que era un auténtico tesoro: trabajador, fuerte como una mula, experimentado campesino y diestro en el utillaje agrícola. Un estupendo ejemplo de labrador alsaciano de veintidós años de edad que, después del miedo pasado en el frente, la humillación de la derrota, la angustia de la deportación hasta Prusia, comenzó a sentirse inmensamente afortunado por encontrarse vivo, tener una habitación limpia, comida abundante y trato afable.

Otra novedad en el pueblo, donde la vida discurría aparentemente como en los tiempos de paz, era el creciente luto y la llegada de los primeros mutilados. Primero regresó Peter, de veintiún años, con una pierna artificial; lucía ufano su *Cruz de Hierro** y durante días fue acosado por los chicos y las muchachas. Luego regresó Ferdinand, sin un brazo, pero con su brillante medalla. En otoño ya eran una docena los mutilados de aquella región, los que arrastraban un carrito, una muleta, una prótesis en la cara, unas gafas de ciego. El azote de la guerra también alcanzaba a los vencedores...

Las condecoraciones dejaron de interesarnos y las mutilaciones perdieron toda grandiosidad y atractivo. Los mutilados eran sólo eso, mutilados; seres disminuidos físicamente y, en muchos casos, también psíquicamente. Sin embargo, muchos padres los miraban con envidia: aquellos que de sus hijos sólo recuperaron una pequeña bolsa con algunas pertenencias y una fría nota que les comunicaba su muerte *peleando heroicamente por la patria.*

Poco después comenzamos a sentir otros efectos de la guerra: la requisa de algunos vehículos (el nuestro se salvó, aunque en adelante no sirviera de mucho), las cartillas de razonamiento de carburante, tabaco, azúcar, carne, café... La gasolina que recibíamos apenas si alcanzaba para el tractor y, pensando que aún llegarían tiempos peores, papá invirtió parte de sus ahorros en la compra de cuatro poderosos caballos frisones, que pronto hubieron de desempeñar el trabajo del tractor.

Papá fue definitivamente movilizado en vísperas de la Navidad de 1940. Aunque ya no tenía la seguridad de un año antes, aún ambicionaba los laureles militares y seguía bromeando:

—Seguro que me mandarán pronto a casa. No necesitan en la *Wehrmacht* capitanes de cuarenta y un años, enmohecidos por seis años de vida civil.

La noche anterior a su partida habló conmigo durante largo rato:

—Hijo, tienes ya once años. Eres un hombrecito del que todos esperamos mucho. Debes ser valeroso y sacrificado; sé muy cariñoso con mamá, la abuela y tu hermana. Trata a los criados como siempre se ha hecho en casa: como si fuesen de la familia, déjate enseñar por ellos. Klaus y Pierre serán indispensables para la supervivencia de la granja y para vuestra protección... Escríbeme a menudo, contándome cómo van las cosas por aquí.

Partió una mañana helada. Klaus le llevó en calesa hasta la estación de ferrocarril. Fue destinado a una escuela de adiestramiento y recapacitación. De allí regresó tres meses después, eufórico con su recuperada profesión, delgado, perfectamente uniformado, seguro de la victoria del *Reich*, entusiasmado por el poder de las nuevas armas... Alemania acababa de comprometerse en la guerra de los Balcanes. Fue entonces, en medio de tantas noticias victoriosas, cuando nos comunicaron la muerte de Lothar.

La casa quedó apabullada por la triste noticia y el silencio sólo fue varias veces interrumpido por las agrias discusiones que sostuvieron mis padres sobre la guerra... Por entonces yo aún creía en la necesidad de aquella contienda para evitar el aniquilamiento de Alemania. La tensión cedió súbitamente cuando papá recibió la notificación de destino: un campo de adiestramiento militar. Mi madre estaba feliz: ¡un empleo en retaguardia! Mi padre se sintió decepcionado.

—¡Me mandan a desasnar palurdos...! Nosotros preparamos esa perfecta máquina militar con la que otros ganan ascensos y honores. ¿Recordáis a mi amigo Manfred? Tiene la misma edad que yo, salimos de la misma promoción, y ya es teniente coronel, y si le dan un poco más de guerra, será coronel a los cuarenta y dos años... En un campo de adiestramiento, me jubilarán como capitán.

La angustia de la guerra

MI padre se equivocaba. Efectivamente, pasó tres meses adiestrando y adiestrándose en un campo militar donde se preparaba una unidad especial para intervenir en un frente insospechado: África. Papá había sido incorporado al *Afrika Korps**, la unidad que Hitler había dispuesto para ayudar a los italianos, apurados en Libia. Desde allí comenzaron a llegar sus cartas, inicialmente alegres y optimistas. «Pese a que nuestros aliados italianos no se hallan a la altura de las circunstancias, hemos vuelto a zurrar a los ingleses, que se retiran hacia la frontera egipcia... Es seguro que pronto ascenderé, si esta guerra dura, cosa que dudo mucho porque somos muy superiores al enemigo en material y preparación... Tengo miedo que se rindan demasiado pronto», nos contaba en una de ellas.

Luego sus cartas se fueron haciendo más espaciadas, más íntimas, más angustiadas por nuestra situación, menos eufóricas... Papá comenzaba a dudar de la superioridad alemana y se rompía su confianza en la victoria, aunque no lo dijera claramente.

Simultáneamente, en Prusia, se vivía la guerra con toda intensidad. El 22 de junio de 1941, nuestros ejércitos atacaron Rusia. Fue necesario desplegar enormes mapas en la escuela para cubrir con nuestras chinchetas de colores el imparable avance de nuestros soldados. Pero la interminable serie de nuestras victorias vino acompañada de nuevas *levas** de hombres. Hacia los campos de entrenamiento salieron todos los jóvenes desde los diecinueve a los veintiocho años. Y junto a ese reclutamiento masivo, también aumentaron las noticias desgraciadas: comenzaron a ser escasas las familias que no tuvieran ya algún muerto o herido.

Desde la marcha de papá, nuestra casa vivía angustiada por su suerte. Ese miedo aún nos unió más a todos los habitantes de la granja, que funcionaba perfectamente bajo la dirección de Klaus y con una gran participación de las mujeres —mi hermana Eva tenía ya catorce años—. Yo trataba de esforzarme al máximo para cumplir la promesa que le había hecho a mi padre y, muchas veces, me sorprendía pensando que yo desempeñaba su papel y aún me afanaba más en el trabajo... Otras veces, la mayoría, me comportaba como un niño, lo que era, al fin y a la postre.

A partir del otoño se estableció la costumbre de que todos nos reuniéramos después de cenar a escuchar la radio. Pierre y Klaus se tomaban una copa de aguardiente, mientras fumaban sus pipas. Las mujeres zurcían ropa o hacían punto. Eva y yo trabajábamos en nuestros deberes de clase... Así era nuestra vida cuando cumplí los doce años.

Poco antes de Navidad tuvimos la maravillosa sorpresa de la llegada de mi padre. Le habían ascendido a *mayor** y concedido *la Cruz de Hierro** y, además, tenía quince días de vacaciones. En su cara quemada por el sol destacaban sus ojos azules rodeados por un borde de piel blanca, preservada del sol por las gafas que usaban en el *Afrika Korps*. Fueron dos semanas maravillosas. Volvimos a esquiar juntos, como en los años anteriores, y se le notaba feliz en la nieve.

—Alfred, a veces el desierto me recuerda a esto. Allí no hay otra huella que la que dejan las cadenas de nuestros tanques y transportes y hay que orientarse con la brújula para no perderse... Extraviarse allí o aquí significa la muerte. Allí, de calor y sed; aquí, de frío y congelación... Afortunadamente, aquí las superficies desérticas heladas son mucho más pequeñas que en el desierto de Libia.

Éste era el único tipo de referencias que hacía de la guerra. Había perdido el gusto por las conversaciones militares. Ahora prefería hablar de la granja o de nuestros estudios o de cualquier problema local. Nada de guerra, nada de política. Pese a todo, me ayudó a dibujar un gran mapa de la costa libia por el que pudiera seguir con precisión los movimientos del *Afrika Korps*. Durante aquellos días cobré conciencia de que la guerra sería muy larga.

—Hemos abarcado demasiados enemigos a la vez —me dijo un día—. De nuevo estamos combatiendo como en la Gran Guerra: en dos frentes. De nuevo tenemos al mundo entero en contra. Nuestros enemigos tienen una fuente inagotable de recursos, de hombres, de dinero... —se quedó un buen rato ensimismado, con la cara sombría y la frente surcada por los pensamientos más tristes—. En fin, parece que éste es el sino de Alemania...

Papá regresó a Libia días después. Los meses siguientes transcurrieron dentro de la rutina ya habitual. Esperar sus cartas, temer por su vida, escuchar las noticias de la guerra, estudiar, ayudar en la granja, sufrir con las familias que perdían a sus miembros en el frente... En octubre de 1942 cumplí los trece años.

Mi cumpleaños casi pasó inadvertido porque todos estábamos angustiados

con la marcha de la guerra. En esos días sabíamos que se libraba una terrible batalla en el Alemein, donde se decidía la suerte del *Afrika Korps* y, por supuesto, donde mi padre se estaba jugando la vida. Aunque ni la radio ni los periódicos daban noticias muy concretas, quedaba claro el retroceso alemán en Africa en medio de los confusos comunicados. Todos estábamos angustiados, pero mamá sacaba fuerzas para animarnos:

—Si no hay noticia, es buena noticia —decía, sonriendo, pero muchas noches la escuché llorar desconsolada en su habitación.

En aquel triste otoño descubrí como amigo a Pierre. Aunque en público y ante desconocidos era tímido y reservado, en privado resultaba muy alegre y simpático y extraordinariamente habilidoso para muchas cosas, como para la pesca: de él aprendí mil trucos para capturar un pez; también era un buen cazador y, aunque tenía prohibido usar armas, debido a su condición de prisionero de guerra, nuestra granja estaba demasiado alejada de todo como para que mamá hiciera la vista gorda y yo pudiera prestarle la escopeta de papá. Pierre, que en la casa de Klaus y Erika había terminado por ocupar el lugar que dejó vacío Lothar, se había ganado el afecto de toda la granja, empezando por la abuela. Solía contarle historias de sus abuelos en Francia, le traía flores cuando las había o las primeras frutas. También había conquistado a mamá con su ejemplar trabajo y su afectuoso trato hacia todos... Y estaba ganándose a mi hermana, que ya tenía quince años y no hacía caso a ningún chico porque secretamente pensaba en Pierre.

En los angustiosos días de noviembre-diciembre de 1942 en que el *Africa*

Korps se retiraba combatiendo a lo largo de la costa libia, tratando de alcanzar Túnez, Pierre procuraba levantarnos los ánimos.

—En la guerra es todo muy complicado. En una retirada se pierde todo, se tira todo lo que estorba, no hay tiempo para ceremonias; hay que luchar y escapar, luchar y escapar... Por eso no recibimos cartas. Si hubiese muerto o desaparecido, ya lo sabríamos. Las malas noticias corren mucho...

Tenía razón. En los últimos días de diciembre nos llegó una carta suya desde Trípoli. Parecía animado y listo, como en otras ocasiones, a volver al contraataque: «Momentáneamente nos hemos visto obligados a retroceder, como el carnero que recula para tomar impulso y caer como un rayo sobre su enemigo...»

¡Pobre papá! ¿Creía verdaderamente en lo que decía o trataba de colocarnos una mentira piadosa? Yo comenzaba a tener graves dudas sobre la victoria final, pese a las proclamas oficiales, pese a los discursos, pese a la propaganda de Goebbels... En Prusia Oriental la victoria no se veía por lugar alguno: todo racionado, todo requisado, todos movilizados. De la guerra sólo nos devolvían a los heridos y las listas de los muertos.

Pude hablar con Ferdi Hilse. Vivía en una granja situada a tres kilómetros de la nuestra y se había ido voluntario al cumplir los diecinueve años, la primavera anterior. Ferdi llegó poco después de Navidad, quizás el 7 u 8 de enero de 1943, en un tren atestado de heridos, procedente del frente de Stalingrado*. Había perdido un pie; estaba tumbado en la cama, pálido y flaco. Yo había esperado encontrarle con un pie ortopédico o en una silla de ruedas.

—¿Pero cómo has venido así? ¿Es que te has escapado del hospital? —le dije.

Me sonrió débilmente, con su cara esquelética y avejentada.

—Hoy no hay bastantes camas en Alemania para los heridos de importancia. Lo mío ha sido bien curado y no reviste gravedad alguna. Cuando esté bien cicatrizado todo, iré a una clínica donde me harán un pie ortopédico. ¡No pongas esa cara, joven Busse! Realmente me siento afortunado por haber vuelto vivo a casa. Cientos de miles, de donde yo vengo, no lo conseguirán...

Ferdi Hilse me habló durante más de dos horas de los horrores sufridos en el cerco de Stalingrado, del hambre, la falta de munición, la indisciplina, las inmensas pérdidas de material... Regresé a casa muy excitado, cuando ya anochecía. No podía creerle. Aunque mi confianza en la victoria era escasa, cuanto me contó excedía con mucho lo que yo podía entender entonces. ¡Dice que millones de alemanes se pudrirán en Rusia! ¡Que sus cadáveres están por las cunetas, amontonados en grandes hacinas, bajo la nieve! ¡Oh, Dios mío, se equivoca, miente! ¡Tiene que mentir...! ¡Es un derrotista! ¡Derrotistaaaa!...

Cuando me di cuenta, estaba gritando en voz en cuello. Menos mal que me hallaba solo y que el viento hubiera impedido que se me entendiera a más de cien metros...

Mientras los esquíes se deslizaban sobre la nieve, casi ya a oscuras, pensé en mi padre. Él también podía caer allá, en la lejana Libia o quizás en Túnez y sus huesos pasarían a blanquear un poco más la superficie del desierto. Al llegar a la granja, ya de noche, vi cómo se alejaba una furgoneta militar. Me quité los esquíes y penetré en casa como un ciclón. Sentado ante el fuego, rodeado por las mujeres de la familia, estaba mi padre.

Renegrido y pálido, con los ojos febriles, la cabeza vendada y un brazo en cabestrillo, papá me dedicó una sonrisa llena de lágrimas. Mamá estaba arrodillada junto a él. También lloraba Eva, que se afanaba en colocarle mejor unos cojines y la abuela, que preparaba agua para el té... La escena duró bastantes minutos, sin que nadie osase hablar ni hacer preguntas. Finalmente, papá, repuesto de la primera emoción, nos contó lo ocurrido.

—Lo siento, queridos míos. Hace tres o cuatro días hubo un violento combate. Mi carro fue alcanzado y volcó. Perdí el conocimiento, pero alguien me sacó de allí. He recuperado la conciencia regresando en avión a Alemania...

Una inmensa fatiga le obligó a callarse. Poco después, arrodillado junto a él, me atreví a preguntarle:

—Ya no somos invencibles, ¿verdad, papá?

Me acarició la cabeza con su mano izquierda.

—Mi pequeño Alfred, mi pequeño Alfred... ¡Cómo has crecido, hijo...! —hizo una larga pausa y luego, casi como para sí mismo, continuó—: ¡Invencibles!, ¡qué engaño!, ¡qué sarcasmo! La pérdida de Africa es cuestión de semanas.

Si lo que decía Ferdi era verdad y si también lo era lo que contaba mi padre, resultaba evidente que Alemania marchaba directamente hacia la derrota. Quedé sumamente abatido. Esa noche no pude apartar de mi cabeza las horribles escenas que nos contaban los que volvían del frente ruso. Me imaginaba mi casa ardiendo y a mi madre y hermana perseguidas por soldados de rasgos asiáticos, y un sudor frío me helaba el cuerpo...

La derrota

LAS semanas siguientes, mientras mi padre se recuperaba velozmente de sus heridas en la cabeza y se soldaba la rotura de su brazo, fueron confirmándose las malas noticias. Nuestros ejércitos hubieron de rendirse en Stalingrado y en Túnez. El rumor más insistente (formulado entre amigos de suma confianza porque hubiera sido peligroso que se enterase de esto la *Gestapo**) era el inminente desembarco aliado en Italia o Francia. Pero nuestra mayor preocupación estaba en el frente ruso, del que llegaban las malas noticias en tropel: derrotas ininterrumpidas, repliegues estratégicos, trenes sin fin cargados de heridos, listas interminables de muertos, desaparecidos o prisioneros... Para sustituirles partían hacia el Este, también ininterrumpidamente, millares de hombres. Uno de ellos debía ser mi padre.

Aparentemente, nadie en la escuela entendía mi desesperación.

—Después de todo es lógico. En el frente ruso es donde debe defenderse Prusia... —me decían.

Los comentarios de mis compañeros me parecían infames. Defendían sus casas con la vida de mi padre... Hubiera deseado huir a Francia con Pierre, escapar de Alemania y de la guerra con mi familia, escondernos en los Vosgos, de cuyos bosques tanto me había hablado mi amigo... Ya hacía tiempo que no soñaba con ser héroe en la *Wehrmacht*. Ahora, cuando mi fantasía escapaba de la angustiosa realidad, me imaginaba ser un intrépido aventurero que sacaba a su familia de la peligrosa tierra de Prusia...

A mediados de marzo, papá, ya como teniente coronel y condecorado con la *Cruz de Caballero**, hubo de partir otra vez hacia el frente. Se despidió de todos por última vez con suma dignidad, pero en él ya no había ni un ápice de entusiasmo. Abrazó a Pierre y a Klaus, entreteniéndose con ellos un minuto.

—Amigos míos, en vuestras manos está la suerte de mi familia.

Klaus, muy emocionado, no pudo articular palabra. Pierre, más sereno, acertó a responderle:

—Váyase tranquilo. Son nuestra familia y lucharemos por ellos.

Advertí que Pierre nos miraba a todos, uno a uno, transmitiéndonos un mensaje de cariño, especialmente a Eva, que a sus diesisiete años, era ya toda una mujer. No pude dedicar a sus miradas demasiada atención, porque papá seguía despidiéndose, uno a uno, de nosotros.

—Adiós, mi querido hijo. No pongas esa cara, hombre. Mira —aun trataba de bromear—, ahora estamos mejor: entre nosotros no habrá más de dos mil kilómetros... Hijo, sé fuerte. Se acercan días muy duros, pero aún creo que podemos ganar en el Este. Pero si me equivoco, convence a tu madre de que es imprescindible marchar hacia el Oeste. Klaus y Pierre os ayudarán. ¡Animo, hijo mío!

Subió al coche militar que le esperaba. Su gorra agitada al viento fue la última imagen que nos dejó. No volvimos a verle. Hubo, sí, bastantes cartas que durante un año jalonaron la retirada alemana de la Unión Soviética. Mandaba una unidad de carros del *Grupo de Ejércitos Centro*. Después del verano, en la sucesión de angustiosas retiradas, tras el revés de Kursk, perdimos el contacto y no lo recuperamos hasta entrado el invierno. Ya cerca de Navidades, hablaba de cosas que casi no podíamos entender: debía haber escrito muchas cartas, que jamás llegaron. Una de las frases finales resultaba especialmente interesante: «¿Cómo está la abuela con su asma? Si no está bien, debería irse una temporada a tierras menos frías, al Sur, quizás con mi hermano. No debéis dejarlo...»

La abuela jamás había padecido asma. Estaba muy claro que estábamos perdiendo la guerra y nos recomendaba que nos fuésemos de Prusia, hacia el Sur, hacia Wurtemberg. Allí, cerca de Stuttgart, vivía Leopold, el único hermano de mi padre. Aunque el mensaje era muy claro, mamá no estaba dispuesta a abandonar su casa.

—Si papá desease que nos fuéramos, nos lo hubiera dicho claramente. Además, la abuela está mayor como para emprender un largo viaje. Y, además, no podríamos movernos todos sin complicados permisos... ¡Podríamos ser acusados de derrotismo...! Son tiempos delicados...

Pierre, mi hermana y yo, sin embargo, no nos dimos por vencidos y analizamos la situación: papá no puede darnos un aviso más claro desde el frente; en cuanto a la abuela, peor estará si llegan aquí los rusos; respecto a los permisos, se pueden estudiar las formas para lograrlos...

Pierre, Eva y yo comenzamos a preparar nuestra fuga hacia el sudoeste en la primavera de 1944. Buscamos planos, discutimos itinerarios preferentes y las variantes que podrían utilizarse en caso necesario. Establecimos las etapas del via-

je; elaboramos listas de utensilios imprescindibles; estudiamos los alimentos que deberíamos llevar y las raciones diarias que deberíamos consumir... Comenzamos este trabajo casi como un juego, como una remotísima posibilidad, pero el verano cambió totalmente la situación.

A mediados de julio, en plenas vacaciones, se extendió el rumor de que los rusos habían iniciado una gran ofensiva. El día 17, cerca de mediodía, me encontraba pescando cangrejos en un arroyuelo que atravesaba la granja. En el silencio de la campiña comenzó a crecer el petardeo de una motocicleta. Cesó el canto de los grillos y de las cigarras y hasta el tiempo se paró unos instantes mientras el vehículo se detuvo ante mi casa. Unos segundos después llegaron hasta el riachuelo los sollozos y los lamentos de las mujeres. No necesitaba aclaración alguna: el Ejército nos comunicaba la baja de mi padre. Había desaparecido combatiendo con su unidad cerca de Minsk.

Celebramos sus funerales sin cuerpo que enterrar, como era lo normal en aquellas fechas. Sorbimos nuestro dolor como hacía Alemania entera por aquel entonces. Dos semanas más tarde nos llegó un pequeño saco con algunas de sus pertenencias y las insignias de coronel, ascenso que le había sido concedido pocos días antes de su desaparición. Poco después nuestra casa volvió a llenarse de gente: una comisión nos traía *la Cruz de Caballero con hojas de roble**, última e inútil recompensa lograda por mi padre.

Y mientras estas ceremonias amargaban aún más la existencia de mi madre, las noticias del frente eran, hora tras hora, más alarmantes. A mediados de agosto de 1944, los soldados rusos habían alcanzado las fronteras de Prusia; ya los teníamos a prácticamente cien kilómetros de casa. Un gran éxodo de lituanos y alemanes establecidos en las repúblicas bálticas cayó enseguida sobre nuestra región, confiando que Hitler no permitiría la entrada de los rusos en Alemania.

Pero nosotros ya teníamos bastante. Mamá se decidió, al fin, a escuchar nuestros planes de marcha hacia el sudoeste. Y para que su interés fuese, ahora, acuciante bastó solamente que el jefe del partido, con quien se encontró en el pueblo, le insinuase «la conveniencia de que el hijo de un heroico oficial se alistase en las Juventudes Hitlerianas, porque Alemania necesitaba en esos momentos a todos sus hijos».

Para comenzar nuestra aventura precisábamos un pretexto y unos medios. El pretexto nos lo proporcionó una carta del tío Leopold. Nunca habíamos tenido un trato muy continuo con él, pero siempre había sido afectuoso. Enterado de la muerte de papá, sugería a mi madre la conveniencia de que nos trasladásemos al estado de Wurtemberg, donde era próspera la agricultura y había granjas vacías. Precisamente existía una en venta no lejos de la suya...

—Querida Clara —terminaba su carta—, vende tu granja aunque se te desgarre el corazón y con lo que saques podrás establecerte aquí y comenzar una nueva vida junto a la familia que os queda...

Nuestro tío Leopold nos proporcionaba la coartada para abandonar Prusia sin tener que soportar suspicacias políticas o, incluso, acusaciones de derrotismo. La gran dificultad ahora era efectuar la venta. Prusia, con los rusos a la puerta, estaba en baja y difícilmente podría hallarse quien pagara la mitad de lo que valía la granja. Y mientras mamá hacía gestiones para hallar comprador, y todos trabajábamos recolectando la cosecha, seguimos perfilando nuestros planes.

El viaje debería hacerse por carretera, pues en tren habríamos tenido algunas dificultades políticas y, sobre todo, de equipaje: apenas habríamos podido transportar un par de maletas cada uno: mísero bagaje para reconstruir nuestra granja. Podríamos ir en camión, pero necesitaríamos un mínimo de dos para llevar enseres y animales: ¡Pura utopía!, en aquellos días eran escasos los camiones hasta en el Ejército y, frecuentemente, no disponían ni de combustible. Por tanto, utilizaríamos la calesa y las dos galeras, tirada aquélla por el caballo de paseo y éstas por los cuatro frisones que compró papá cuando comenzaron a racionar la gasolina.

El primer problema grave nos lo planteó el jefe del partido de nuestra comarca.

—Señora Busse, si no fuera usted la viuda de un oficial heroico diría que está usted tratando de huir de Prusia. Eso es hoy día un delito. Pero, en fin, es usted muy libre de ir a correr bajo las bombas americanas, que parecen tener querencia por aquella zona... —lanzó una risita aviesa y tomó los documentos que mamá le había puesto sobre la mesa—. ¡Ay, señora, señora...! ¡Pero esto es absolutamente irregular...! Escúcheme, señora Busse: no tiene usted problema alguno para viajar con su madre, su hija y su criada, pero no puede usted trasladar al prisionero de guerra Pierre Wyllard, deportado a esta zona y sólo provisionalmente adjudicado a su granja; tampoco podrá viajar el señor Klaus Blasche, que a sus cincuenta y dos años podría ser movilizado por la *Wehrmacht*, o por una unidad de trabajo o por la *Volkssturm*. Y está, además, su hijo, que ya ha cumplido o está a punto de cumplir los quince años... Ya le he hablado de las Juventudes Hitlerianas*, pero podría ser también movilizado forzoso por la *Volkssturm*... En fin, señora, lo lamento.

El plan se nos venía abajo. La huida clandestina hubiese sido imposible: hubiéramos sido detenidos en el primer control. Mamá se acordó de uno de los amigos de mi padre, Manfred, el general, destinado a un puesto de guarnición en Königsberg después de haber perdido un brazo. Mamá no le estimaba nada, pues le tenía como responsable de los impulsos bélicos de papá, pero determinó pedirle el favor ante la situación en que estábamos encerrados.

—Mi querida Ana, me parece lo más sensato que puedes hacer; vende la granja y llévate a la familia de Prusia: este es hoy el lugar más peligroso de la Tierra. Te voy a dar el salvoconducto, pero te advierto que no te servirá de mucho fuera de Prusia Oriental. Quizás lo consideren los controles militares, pues aún se estima en algo la firma de un general, pero no tendrá valor alguno con los políticos. Esquivad las ciudades y a las gentes del partido, viajad con cuidado y con las armas a mano: Alemania ha dejado de ser un país seguro con sus carreteras llenas de refugiados... Y no me odies. Yo no metí a tu marido el demonio de la guerra; todos estábamos poseídos por él, por la revancha, y mira lo que ha ocurrido... Adiós, Ana, me alegro de poderte ser útil...

Durante dos meses preparamos el viaje con el mayor cuidado y secreto. Mamá vendió la granja, los aperos más pesados, los animales, a un precio aceptable, dadas las circunstancias. Los rusos habían sido frenados y muchos creyeron que lo habían sido definitivamente: eso generó un cierto optimismo que nos permitió vender. Incluso se nos dio tiempo hasta finales de diciembre para desalojarla. Mamá, vía bancaria, pudo enviar el dinero a mi tío para comprar la propiedad agrícola de que nos había hablado y aún pudo reservarse una cantidad importante para el viaje. Nos quedamos sin animales, exceptuando el caballo de paseo, los cuatro frisones, dos vacas, dos cerdos, una docena de gallinas... Eran la base de la granja que pensábamos montar en Wurtemberg.

La huida

HABÍAMOS pensado partir a comienzos de diciembre, pero nos lo impidieron los preparativos. Incluso las cosas sencillas eran muy difíciles en aquellos días: nos costó un triunfo hallar lona para los toldos de las galeras, o ejes de repuesto, o ruedas... Eso y el intenso tráfico militar hacia el Oeste (Hitler preparaba su ofensiva en Las Ardenas*, el canto del cisne del III Reich*) nos obligaron a posponer la partida y a celebrar las Navidades en Haussen. Nunca podré olvidar aquellas fiestas sencillas en las que, secretamente, nos fuimos despidiendo de amigos, paisajes, objetos que ya nunca volveríamos a ver...

El día 2 de enero nos visitó el general Manfred, el antiguo amigo de mi padre. Era la primera vez que venía a casa. Apenas estuvo diez minutos.

—¡Partan ya! No lo revelen a nadie: estamos a la espera de una ofensiva soviética y carecemos de reservas para contenerla. Tienen que irse inmediatamente.

Durante veinticuatro horas trabajamos sin reposo. Colocamos con suma precisión cuanto debíamos llevar: utensilios, herramientas, aperos de labranza, semillas, víveres, repuestos, ropas, armas... Llevábamos la escopeta de Klaus y la de papá, y mamá sacó de un armario dos pistolas de papá, una me la dio a mí y otra se la quedó ella.

El día 4, a las cinco de la mañana, con una temperatura de 10º bajo cero, abandonamos la granja. Abría el camino mamá, con la calesa, llevando a la abuela; la seguíamos Pierre, Eva y yo, con una galera, a la que iba atada una vaca, y cerraban la marcha Klaus y Erika, con la otra galera, en la que, además de otra vaca, llevaban una docena de gallinas y dos cerdos pequeños.

Acurrucada junto a mí, Eva lloraba silenciosamente. Por fortuna, la oscuridad reinante nos impedía ver el familiar paisaje, con lo que nos era más fácil despedirnos de él. A las nueve de la mañana hicimos el primer alto: desayunamos nosotros y dimos agua y pienso a los animales. No hablamos apenas. Creo que a la pena que todos sentíamos por haber tenido que dejar nuestra casa y nuestro pueblo, teníamos que añadir una especie de vértigo por la aventura que acabábamos de iniciar: ante nosotros se abría un complicado viaje de unos 1 200 kilómetros, que duraría un mes si no surgían complicaciones importantes, en un país políticamente muy peligroso y materialmente destrozado por la guerra.

No paramos ni un minuto hasta la una del mediodía. A esa hora, alcanzamos el muelle del transbordador de Pillau. Una vez en el barco, comimos y pudimos alimentar a los animales. La travesía apenas duraba un cuarto de hora, pero entre embarcar, esperar, desembarcar, etcétera, tardamos casi dos. Anochecía cuando reemprendimos el camino por la estrecha franja de tierra que separa la laguna de Frischia de la bahía de Danzig. A las siete de la tarde hallamos una granja que aceptó acogernos: las mujeres tuvieron una habitación; los hombres y los animales pudimos dormir calientes en el establo.

El 5 de enero siguió la misma rutina. Pasamos sin complicaciones un control militar, cuyo jefe dedicó a mamá todo tipo de cortesías al ver su documentación de viuda de un jefe de la *Wehrmacht*. Llevábamos a nuestros animales a paso moderado para no agotarles, prefiriendo jornadas largas y buenos descansos nocturnos de diez horas al menos. Durante el tiempo en que teníamos luz natural —de seis a siete horas— los hombres y mi hermana caminábamos junto a los carros, y mi madre y Erika al menos dos o tres horas para mantenerse en forma. Incluso la abuela andaba media hora y más si la hubiésemos dejado, pero su paso lento retrasaba la marcha. Dejando Danzig a la izquierda, ese día tomamos la dirección hacia Bromberg.

El tercer día continuó la rutina. Andar, comer, descansar; andar, dar de comer a los animales; andar, ordeñar las vacas..., andar. Nos habíamos alejado unos 150 kilómetros de casa y penetrábamos en el territorio polaco anexionado por Alemania al comienzo de la guerra.

Al reanudar la marcha tras el almuerzo del cuarto día llegamos a un control de milicias populares: gente mayor, únicamente uniformada con un brazalete de la cruz gamada*, equipada con armamento heterogéneo y anticuado. El jefe, un funcionario nazi*, tomó nuestra documentación en sus manos con aire despectivo. La hojeó, sonrió con el colmillo derecho y arqueó sus cejas.

—¿Desertores...? ¿Derrotistas...? ¿Quizás las dos cosas...? Señora, tendrán que acompañarme hasta Bromberg. Allí se verá el caso en Jefatura, pero yo diría que los dos hombres y el muchacho deberían incorporarse a las milicias, y sus víveres y animales tendrían que ser confiscados...

Se inició una agria discusión entre mamá y aquel individuo. Mamá perdía terreno por momentos y cuando apenas si ya le quedaban como argumento sus vanas amenazas y sus lágrimas, todo quedó interrumpido por los furiosos pitidos de una docena de vehículos militares detenidos tras nuestra comitiva. Un mayor tuerto se adelantó a grandes zancadas:

—¿Qué diablos ocurre aquí? ¡Quiten todo esto de enmedio y dejen paso!

Mi madre vio en el militar nuestro último recurso. En breves palabras le dijo que era viuda de un coronel caído en el Este y el problema que nos agobiaba. El mayor pidió la documentación al funcionario, que osó negársela. Fue un desafío que el nazi, con sus viejos desarrapados, no podía ganar.

—¿No querrá usted que emplee la fuerza, verdad, señor emboscado? —preguntó el mayor, que a grandes gritos tronó luego—: ¡Sargento, venga con un pelotón!

A la carrera llegaron los soldados, calando las bayonetas. Palideció el funcionario, por cuya cabeza cruzó fugazmente la idea de afrontar la amenaza. Miró a sus milicianos, pero éstos se hacían los distraídos. Nadie tenía el más mínimo interés por recibir un culatazo o una cuchillada. Verde de ira, devolvió al nazi la documentación, que el militar se encargó de entregar a mamá.

—Tenga, señora, sus papeles. ¡Es una vergüenza que las carreteras de Alemania estén en manos de esta canalla! Y tú te vas a venir con nosotros, para que no fastidies más en retaguardia. Vamos a ver cómo te sienta el frente...

Y se lo llevaron los soldados ante la divertida mirada de los milicianos. Todos

reanudamos la marcha, dando gracias a Dios por la aparición del mayor, pero angustiados porque no siempre tendríamos tanta suerte. Con esos tristes pensamientos pernoctamos esa noche en un albergue de carretera, cerca ya de Bromberg; las mujeres, en la habitación; los hombres, junto a los carros y animales.

Aquella noche, tras revisar los arreos, engrasar bujes y frenos, inspeccionar los radios de las ruedas y las zapatas, comprobamos, también, nuestras armas...

—¿Qué haremos —preguntó Pierre— si nos ocurre otra vez lo de esta tarde?

—Lo único claro —respondió Klaus, tras pensarlo un buen rato— es que no nos entregaremos. No tengo ganas de servir como carne de cañón frente a los rusos, ni de que mi mujer termine tirada en la cuneta... A última hora podríamos recurrir a las armas, pero nuestro éxito sería improbable. Por tanto, lo mejor es evadir los controles. Alfred, estudiarás los mapas kilómetro por kilómetro, para tener siempre previsto un desvío, y las señoras, con su calesa, irán dos o o tres kilómetros por delante y nos avisarán si hay peligro.

Al día siguiente partieron media hora antes que nosotros. A mediodía rebasamos Bromberg y nos reunimos para comer. Por la tarde, regresaron avisándonos de la existencia de un control. Retrocedimos un poco y, dando un rodeo, lo evitamos. Esa noche nos acostamos felices de nuestra estrategia.

Durante los siguientes días hubimos de dar muchas vueltas para eludir los controles en nuestro camino hacia Posen, por lo que perdimos mucho tiempo.

El día 12, a las cinco de la madrugada, reanudamos la marcha. Al pasar por un pueblo observamos cierta agitación; nos detuvimos a preguntar y supimos que

esa noche había comenzado una nueva ofensiva rusa y que los alemanes habíamos retrocedido en muchos puntos... Supusimos, sin presumir de perspicacia, que muy pronto las carreteras se poblarían de vehículos y fugitivos. Era el momento de acelerar la marcha. Esa noche no dormimos. Nos turnamos conduciendo a los animales, haciendo descansos de una hora cada tres de camino.

Al día siguiente, nuestra andadura era cada vez más lenta, a causa del caótico tráfico. Hacia el Este marchaban unidades militares enviadas a taponar las brechas; cada vez que aparecían nos lanzaban a todos casi a la cuneta. Mientras, hacia el Oeste, huía una terrible caravana, interminable en su longitud y en sus miserias. De todo había allí: automóviles que pronto se quedaban sin gasolina, con sus dueños desmoralizados sobre el volante; trineos; bicicletas, con las ruedas pinchadas; carros tirados por bueyes, mulas, caballos, burros o personas; cochecitos de niños. Personas mayores o enfermas caían para no levantarse más, mientras sus familiares clamaban entre aquella desesperada caravana, buscando a un médico...

El día 14 llegamos a Posen. Allí reinaba la más formidable de las confusiones. Era imprescindible seguir antes de que algún loco tuviera la idea de iniciar la resistencia con unos voluntarios como nosotros. Nos alejamos unos kilómetros de la ciudad y luego nos dispusimos a dar un descanso a los animales, que se hallaban realmente extenuados.

Por más agotados que estuviéramos, en nuestras acampadas nocturnas siempre adoptábamos precauciones estudiadas y ensayadas durante la preparación del viaje. Buscábamos una tapia elevada o una buena cerca de alambre de espino; contra ella, formando una media luna, situábamos nuestros carros, unidos entre sí por tres hileras de alambre de espino, de las que colgábamos media docena de cencerros. Dentro del semicírculo situábamos nuestros animales, todos ellos cubiertos de mantas y lonas para que pudieran soportar el intenso frío nocturno y las nevadas de aquellos días. Las jaulas de los cerdos y las gallinas eran bajadas de los carros, de modo que hubiera en ellos mayor espacio para que pudiéramos dormir con relativa comodidad las personas, con las armas cargadas a mano, y uno de nosotros estaba permanentemente de guardia.

Todas estas precauciones eran imprescindibles en aquellos tiempos difíciles. Por

el campo merodeaban desertores y gentes desplazadas dispuestas a todo o, simplemente, refugiados, que, perdidos sus medios de transporte, trataban de procurarse otros, aunque fuese robándolos.

La noche de Posen pudimos comprobar la oportunidad de nuestras precauciones. Hacia las dos de la madrugada me despertó Pierre:

—¡Silencio! Creo que tenemos visita. Ha sonado un cencerro...

Escuchamos hasta oír el latido del corazón. Los animales se mostraban inquietos y las ráfagas de aire golpeaban las lonas de los carruajes... Tomé la pistola y una linterna y, sigilosamente, bajamos ambos de la calesa; mamá, Eva y la abuela dormían en la galera, más amplia y cómoda. Nos deslizamos hacia donde Pierre había escuchado el ruido; aplastados contra el suelo nevado, entre ruedas de carros y patas de animales, nada veíamos en aquella oscuridad. Ya íbamos a desistir, cuando un leve roce, a menos de seis metros, delató a los asaltantes.

Pierre disparó al bulto los dos cañones de la escopeta; yo, cegado por los fogonazos, dudé un segundo, luego también comencé a disparar. Debían ser dos o tres hombres y al menos uno resultó alcanzado. Atropelladamente se alejaron de los carros y durante un buen rato escuchamos sus quejidos y maldiciones hasta que se perdieron en la noche.

Como era muy expuesto quedarse allí, aguardando a que nuestros asaltantes tra-

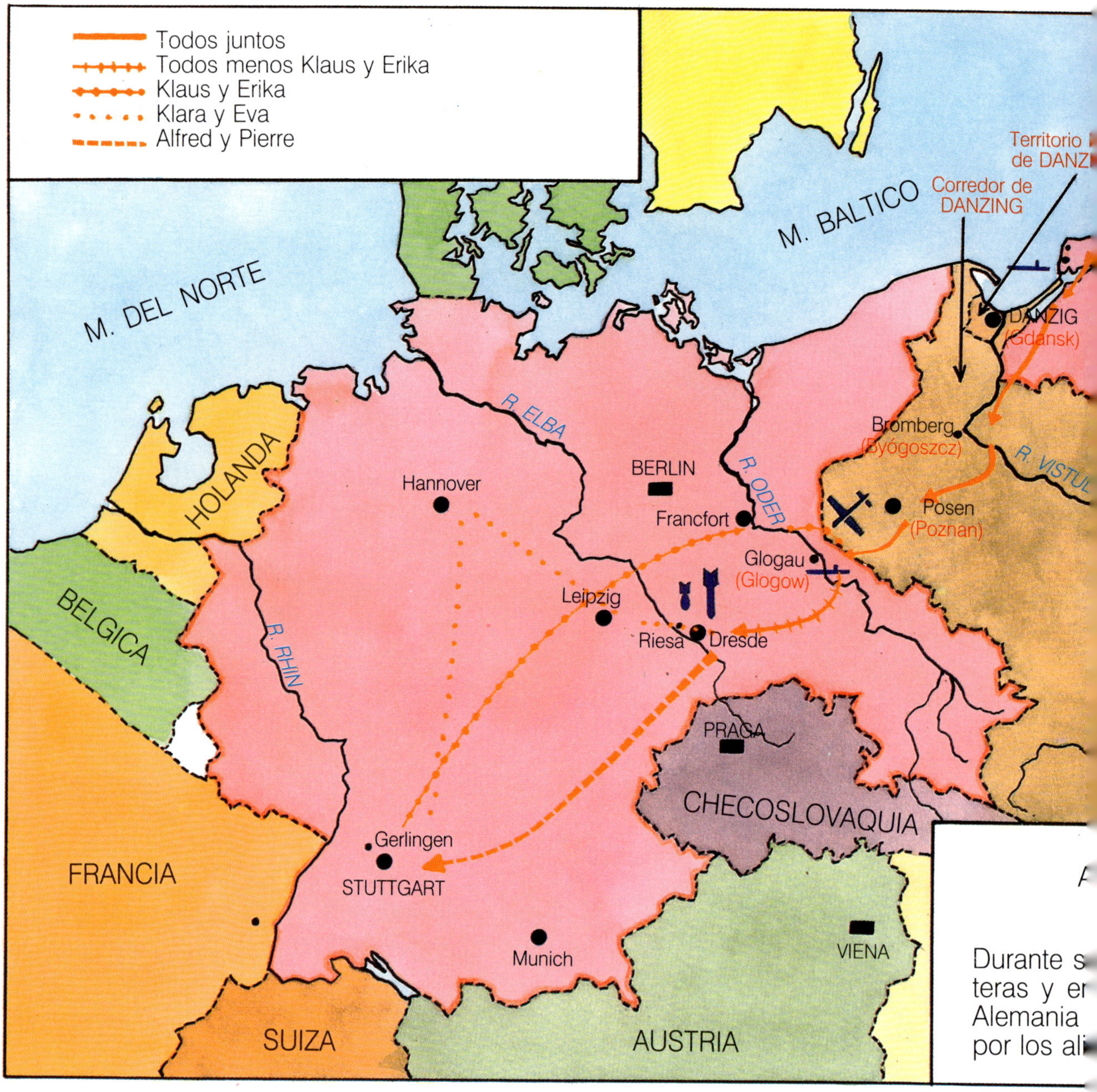

tasen de vengarse o a que se presentase la Policía, movida por el alboroto o por una denuncia, aparejamos nuestras caballerías, recogimos los bártulos y poco después de las tres de la madrugada ya estábamos en marcha.

Caminamos hasta el agotamiento durante dos días y medio y al atardecer del 17 de enero alcanzamos el Oder en Glogau. Mamá cruzó el puente y entró en la ciudad. Regresó ya de noche: los rusos se acercaban a Posen; el gobernador prohibía abandonar la zona y todos los hombres, desde los dieciséis a los sesenta años, estaban siendo enrolados para defender el Oder. Desesperada, mamá acudió a la Comandancia Militar y expuso nuestra situación; un viejo coronel abrumado por mil problemas le aconsejó que descendiéramos unos kilómetros el curso del río y que nos presentáramos, con una nota suya, en un transbordador militar empleado para el transporte pesado entre ambas orillas.

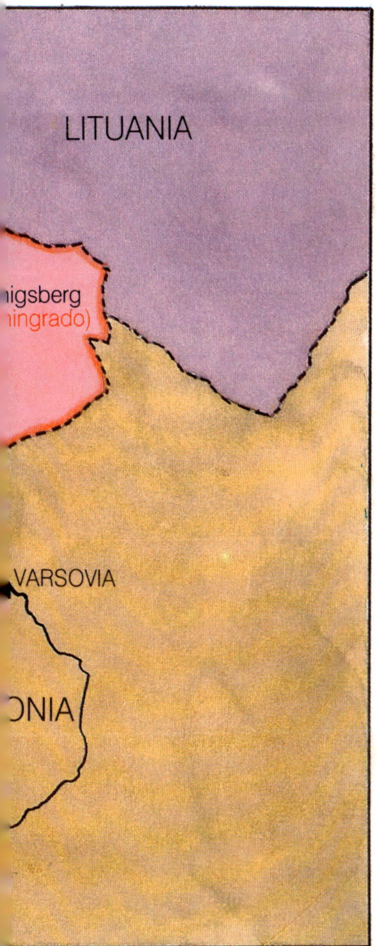

ANIA CUANDO
CIO ALFRED

da no existían estas fron-
lo territorio ocupado por
vías de ser recuperado
.

—Haré lo que pueda —nos dijo, con simpatía, un capitán de transportes—, pero en mal momento llegan ustedes. Miren, el transbordador está cargando unos carros de combate en la otra orilla; cuando llegue aquí, debo meter en él todo este material —y señaló con la mano una hilera de tractores que arrastraban tanques y cañones averiados.

Hacia mediodía comenzó a levantarse la niebla que cubría el río. Llegó el transbordador y descargó el material bélico. Luego, con desesperante lentitud, fueron embarcados todos aquellos artefactos averiados que iban a los talleres de reparación... Cuando apenas quedaba un huequecito, el capitán nos ordenó meter nuestros carros y animales. Sólo cupieron la calesa y nuestra galera. El capitán nos aseguró que en el siguiente viaje, quizás dos horas más tarde, pasaría el otro carromato.

Era plácida la travesía del río, bañado por un tímido sol invernal. De pronto, en el cielo se recortó la silueta de un avión soviético...

—¡Al suelo, al suelo! —gritaba el contramaestre del barco.

Un tanquista subió a la torreta de uno de los carros de combate averiados y montó una ametralladora antiaérea. El caza picó sobre nosotros y soltó dos ráfagas de ametralladora que siluetearon el transbordador, pero los disparos de nuestro ametrallador terminaron por ahuyentarle.

Llegados a la otra orilla, los últimos fuimos los primeros en abandonar el barco. Nos alejamos un centenar de metros para no estorbar las maniobras de la descarga, mientras nos disponíamos a esperar pacientemente el paso de Klaus y Erika. Pero no habrían transcurrido ni diez minutos cuando aparecieron dos aviones soviéticos y soltaron sobre el transbordador media docena de bombas. Nos arrojamos al suelo y mientras los animales saltaban, relinchaban o bramaban enloquecidos, un vendaval de metralla, barro y agua nos pasó por encima. Cuando nos incorporamos, tiritando de frío y miedo, vimos el transbordador convertido en un amasijo de hierros humeantes. Klaus y Erika nos hacían señales de despedida desde la otra orilla. El destino nos separaba de nuestros fieles criados y amigos.

Con el corazón encogido marchamos a Dresde, a unos 180 kilómetros de distancia. La riada de refugiados seguía, aunque atenuada por las prohibiciones del gobernador. Seis días tardamos en alcanzar aquella ciudad, atestada de refugiados. Todas las miserias del mundo desfilaban en aquellas caravanas que desesperadamente avanzaban a veces en medio de terribles nevadas, hacia el Oeste. Desde ayudar a una parturienta, que dio a luz un niño con asistencia de mamá y que continuó en nuestro carro hasta Dresde, a enterrar a varios muertos hallados en las cunetas... Pierre y yo hubimos de obedecer a mamá y cavar tumbas superficiales en un terreno helado y, por tanto, duro como el cemento. Los dos últimos días fueron especialmente angustiosos: la abuela no se encontraba bien, tenía fiebre y apenas podía retener en el cuerpo lo que comía...

En las afueras de la ciudad encontramos cobijo en una granja. La habitaba un matrimonio maduro cuyos hijos estaban en algún frente que en la barahúnda final ya no sabían cuál era. Mamá logró hospitalizar a la abuela, algo casi milagroso en aquella situación.

La estancia en Dresde duraba mucho más de lo que hubiéramos podido calcular. La abuela no mejoraba. Claro, que como también teníamos que aguardar allí a Klaus, no era incómoda la espera, sobre todo bien alojados como estábamos en la granja, pagando nuestra estancia con trabajo. Pero pasaban los días y Klaus no llegaba. Nos habíamos plantado en la mitad del mes y nada. Al atardecer del 13 de febrero acompañamos a mi hermana hasta el hospital, donde debía relevar a mamá en el cuidado de la abuela, pero ésta había empeorado y mamá se obstinó en quedarse. En la blanca sala repleta de enfermos, apestosa de desinfectantes, las dejamos y marchamos despacio en nuestra calesa hacia la granja.

Serían las nueve de la noche cuando comenzó el apocalipsis. Trotaba nuestro caballo por los suburbios de Dresde cuando mil sirenas ulularon con el estremecedor sonido de la alarma aérea. Tratamos de alcanzar la granja, pero fue imposible. Millares de explosiones hacían estremecer la ciudad. Aterrados, abandonamos carro y

caballo y nos arrojamos por la boca de un refugio antiaéreo. Allí pasamos cuarenta minutos de agonía, esperando que el techo se desplomase sobre nosotros de un momento a otro. Hacia las once de la noche sonó el final de la alarma. El paisaje urbano había cambiado. Montañas de escombros nos cerraban el paso. No había ni rastro de carro y caballo. Angustiados por la suerte de nuestras mujeres, tratamos de volver al hospital. Tardamos más de dos horas en alcanzar la zona. Era poco más de la una de la madrugada y entonces comenzaron a sonar, de nuevo, las sirenas de alarma aérea, seguida del aterrador estampido de las bombas. Otra vez nos arrojamos al ambiente lóbrego de un refugio antiaéreo.

Volvimos a la calle hacia las dos de la madrugada. La ciudad ardía en todas las direcciones. Era sobrecogedor el ruido de los derrumbamientos, las voces de auxilio de las víctimas, atrapadas por los escombros, la impotencia de los bomberos, que carecían de bocas de agua, o la de los sanitarios, que corrían con sus camillas sobre los montones de residuos... Llegamos al hospital, pero nada quedaba ya del gran edificio, salvo los montones de sus restos, sobre los que se enseñoreaban las llamas con intenso resplandor. El calor era terrible en aquella noche en que normalmente la temperatura ambiente no debería subir de los cinco grados bajo cero.

Embotados por el horror, deambulamos por las ruinas hasta que se hizo de día. Fue imposible hallar información alguna sobre los internados en el hospital. Pregun-

tamos a policías, sanitarios y bomberos, que nos miraban como si estuviéramos locos: en Dresde* habían desaparecido aquella noche más de cien mil personas. Buscamos en la estación de ferrocarril, por si hubieran sido conducidas a un tren sanitario, pero allí reinaba el mismo caos y destrucción. Regresamos agotados y deprimidos a la granja. Allí nos aguardaba otra tragedia: había sido arrasada por las bombas y el fuego hasta los cimientos. No quedaba ni un signo de vida.

Durante dos semanas vivimos como topos entre las ruinas de la ciudad, buscando familia. Ni viva ni muerta pudimos hallarla. La única posibilidad de encontrarla, si estaba con vida, era alcanzar el punto de cita que teníamos: Gerlingen, el pueblo de Wurtemberg donde vivía mi tío y donde nos esperaba una granja.

Tardamos más de un mes en recorrer los cuatrocientos kilómetros que, aproximadamente, nos separaban de Stuttgart. Andábamos con extremada lentitud, teniendo que procurarnos comida, aunque fuese robándola; marchábamos generalmente de noche o de madrugada y permanecíamos muchas horas escondidos, tratando de burlar las patrullas militares o de Policía que buscaban desertores y delincuentes o enemigos políticos. Así transcurrió el infernal mes de marzo, en el que pasamos por Nuremberg, la ciudad que excitaba mi fantasía cuando era pequeño: allí tenían lugar las grandes fiestas del nazismo, que narraba la radio y contaban los periódicos... Cuando pasamos por ella nada quedaba ya de sus glorias y fanfarrias; la mayoría de sus edificios eran escombros y paredes ennegrecidas que clamaban piedad

Tras correr mil peligros llegamos a Stuttgart. Allí nos alcanzó, de nuevo, la guerra. Habíamos escapado de los rusos en Prusia y nos habíamos metido, de lleno, en el frente por el que avanzaban franceses y norteamericanos. Fue imposible llegar hasta Gerlingen, en busca de nuestro tío: justo en aquella zona se hallaba el frente.

Merodeamos durante dos semanas por Stuttgart en busca de comida y en espera de que se decidiera la lucha y los franceses tomasen la ciudad... La situación era tan intolerable para mí que en aquellos momentos deseaba que mi patria se rindiera de una vez y terminara la guerra. Pierre y yo estábamos esperanzados pensando que seríamos bien acogidos por los compatriotas de mi amigo.

Finalmente, los franceses entraron en Stuttgart. Al día siguiente, con la situación bien afianzada, Pierre se dirigió a un puesto militar francés a contar su historia: fue detenido como sospechoso de deserción y enviado a Francia para que se aclarase su caso... ¡Me había quedado solo! Durante varios días permanecí en la ciudad y cuando las tropas francesas siguieron su avance me dirigí a Gerlingen con la esperanza de hallar a mi familia.

Qué amarga decepción me esperaba. El pueblo era una pura ruina. Apenas había gente, pues todos fueron alejados por la lucha desarrollada en sus proximidades. Finalmente, encontré quien me indicase dónde se hallaba la granja de mi tío, Leopold Busse... El edificio estaba intacto, aunque tenía las puertas forzadas y un inmenso desbarajuste interior: por allí habían pasado los soldados; pero de mi tío y su familia, nada. Dejé un papel clavado a la puerta y otro en el armario de la cocina, dando noticias de que estaba en Stuttgart...

* * *

Ahora ya saben por qué un chico de quince años se halla a más de mil kilómetros de su tierra, sin familia, sin recursos y casi sin esperanzas.

Volver a empezar

UN día de aquel verano, a comienzos de julio, Alfred Busse fue detenido por una patrulla de la Policía militar norteamericana y conducido a un acuartelamiento. Nadie le aclaró su detención y cuando trató de enterarse sólo le respondieron con un escueto ¡espere! A mediodía le dieron algo de comer. «¿Qué habré hecho ahora?» —se preguntaba el infeliz Alfred—. «¿Es que todavía me pueden ocurrir más desgracias?». Hacia las cuatro de la tarde escuchó una conversación cerca de la puerta:

—Creemos que éste es el chico que usted busca, decía una voz en francés. El pomo giró y en la habitación entró un policía norteamericano seguido de Pierre.

Alfred se abrazó a Pierre sin poder contener el llanto.

—Vámonos a casa —dijo el francés.

Salieron a la calle, donde les aguardaba una calesa. Un hombre, de unos cincuenta años, esperaba junto al caballo: era el tío Leopold. Camino de Gerlingen, Pierre le contó que fue trasladado a Francia donde, efectivamente, pudo comprobarse su identidad y su deportación a Alemania. Regularizada su situación, hubo de conseguir el permiso para entrar en Alemania, pero antes puso en marcha numerosas gestiones para hallar a la desperdigada familia: Cruz Roja, autoridades de ocupación inglesas y norteamericanas, etcétera. Así pudo localizar al tío Leopold, que hubo de evacuar su granja con la familia y el ganado y que en su huida fue rebasado por el Ejército francés, quedando aislado de su zona de origen.

Habían llegado a Gerlingen una semana antes y hallaron las notas. Durante días le buscaron por la ciudad sin hallarle y, finalmente, recurrieron a las autoridades norteamericanas.

Llegaron a la granja al anochecer. Allí les esperaban con gran alegría. Alfred, casi asfixiado por los abrazos de su tía Marlén, pudo escuchar la estupenda noticia de que a mediodía había llegado un telegrama de la Cruz Roja: «Clara y Eva Busse, localizadas, Hannover. Pronta reunión.» En efecto, una semana después llegaron ambas en una ambulancia británica.

Clara Busse tenía una pierna escayolada y debía moverse en silla de ruedas. Cuando comenzó el bombardeo de Dresde, una bomba alcanzó el hospital y se desató una ola de pánico entre los internados y personal médico. Clara y Eva tomaron a la abuela y entre las dos la sacaron del edificio, buscando un refugio. Ya en la calle, una bomba cayó a unos cincuenta metros y las derribó. Eva se incorporó en seguida, cubierta de sangre pero sin ninguna herida grave. A más de diez metros halló a la abuela: estaba muerta. Entre los escombros y cuerpos abatidos halló a su madre, que respiraba, pero que no se podía mover. La tomó sobre los hombros y enloquecida corrió por las calles en llamas, con la fortuna de que una ambulancia, con varios heridos dentro, las recogió.

Las llevaron hacia un tren-hospital, que debía partir desde la estación, pero aquella noche las instalaciones ferroviarias de Dresde fueron arrasadas por las bombas... La ambulancia, tratando de salvar a sus heridos, o quizás buscando salir de aquel infierno, tomó la carretera y les condujo hasta la vecina Riesa. Desde allí fueron llevadas a Leipzig y, más tarde, hasta un hospital de Hannover. Eva sólo sufría heridas superficiales, no así Clara, con conmoción cerebral, rotura de varias costillas y el fémur. La hospitalización, la llegada de los ingleses, y el que la ciudad quedase bajo administración diferente ocasionaron la imposibilidad de iniciar la búsqueda.

Afortunadamente, el dinero que Clara Busse mandara en diciembre de 1944 había llegado puntualmente a su destino; Leopold había comprado la granja que, con algunas reparaciones, podía ponerse en marcha rápidamente.

Una madrugada, a comienzos de agosto, golpearon con insistencia la puerta de Leopold Busse. Cuando éste, malhumorado, se asomó a la ventana, vio en su corral una galera tirada por dos poderosos frisones y a un matrimonio maduro que preguntaba por la familia Busse... Klaus y Erika también habían podido llegar.

Su odisea no era menos rocambolesca que la de los demás. Privados de puentes libres de vigilancia descendieron por la orilla derecha del Oder hasta que se unieron a la riada de refugiados procedente de Silesia y cruzaron el río en Francfort; desde allí, la ola de fugitivos avanzó penosamente hacia el Elba. Klaus logró esquivar el reclutamiento de la *Volkssturm* en varias ocasiones y, por pocos días, logró cruzar el río antes de *la llegada de los ingleses**, con lo que, por los pelos, se libró de ser capturado por los rusos y devuelto a Prusia. Quedó en zona inglesa y, con lentas y pacientes gestiones, habían finalmente alcanzado la zona americana de Wurtemberg.

Pierre y Eva se casaron en otoño de 1945, quedándose en la granja. Todos

vivieron muy modestamente durante tres años, hasta que consiguieron recoger las primeras cosechas y acceder a créditos bancarios para comprar animales y máquinas. En 1949, cuando Alfred cumplió los veinte años y era un laborioso labrador, al tiempo que estudiaba en una escuela de agricultura, sucedió un auténtico milagro para los Busse: un telegrama de la Cruz Roja les notificaba que el coronel Karl Busse, dado por muerto cerca de Minsk, estaba vivo en un *campo de prisioneros* . Cinco años después, a los cincuenta y cuatro años, pudo reunirse con su familia en Wurtemberg.

Vocabulario

Africa Korps: *Agrupación de combate especial creada por Alemania para ayudar a los italianos en África.*

Apache: *En este contexto, chulo, delincuente urbano de París, a comienzos de siglo. En el momento de nuestra historia era casi un personaje literario y folclórico.*

Las Ardenas: *El 16 de diciembre de 1944 Alemania realizó su última ofensiva. Trataba de cercar en Bélgica a cuatro ejércitos aliados. Tras un éxito inicial, los alemanes fueron frenados por los aliados y sus propias limitaciones de reservas y carburante.*

Cruz gamada: *Llamada también esvástica. Cruz de brazos iguales quebrados en ángulo recto.*

Cruz de Hierro: *Condecoración alemana al valor. De grado superior era la Cruz de Caballero. Ésta aumentaba un grado cuando tenía hojas de roble; de categoría superior era la de hojas de roble y espadas y en la cúspide de los honores estaba la Cruz de Caballero con hojas de roble, espadas y diamantes.*

Dresde: *Ciudad alemana que en febrero de 1945 tendría unos 700.000 habitantes, muchos de ellos refugiados que huían del Este. Fue bombardeada dos veces en la noche del 13 al 14 de febrero por 1.300 bombarderos que arrojaron sobre ella cerca de 4.000 toneladas de bombas. Cálculos actuales cifran la mortandad causada entonces entre 140.000 y 200.000 personas.*

Gestapo: *Policía política de Hitler.*

Goebbels: *Ministro de Propaganda del III Reich, famoso por sus inflamados discursos en los que cabía toda falsedad, exageración, demagogia y maniqueísmo.*

I Guerra Mundial: *Conflicto que desde 1914 a 1918 enfrentó a los imperios centrales (Alemania, Austria-Hungría, Turquía), contra la alianza formada por Francia, Inglaterra, Rusia, Italia, Polonia y, al final, Estados Unidos. Las duras condiciones de la paz dejaron en Alemania un ansia de revancha.*

Juventudes Hitlerianas: *Organización juvenil nazi, de la que deberían salir los cuadros políticos y militares del partido.*

Leva: *Reclutamiento de soldados.*

Luftwaffe: *Aviación de guerra alemana.*

Llegada de los ingleses al Elba: *Cuando los aliados llegaron al Elba, debido a un compromiso establecido con los rusos, paralizaron su avance e inpidieron que los que huían del Este pudieran atravesar el río y refugiarse en el Oeste.*

Mayor: *Grado que en el Ejército alemán y en otros equivale a comandante.*

Nazi: *Contracción de nacional-socialista. Partido fundado por Hitler en los años veinte, que alcanzó el poder en Alemania en 1933 y lo sostuvo hasta el final de la II Guerra Mundial. Relativo a ese partido. Miembro de este partido.*

Pequeño cabo austriaco: *Forma despectiva con la que los altos oficiales alemanes solían designar a Hitler, que había nacido en Austria y que fue cabo durante la I Guerra Mundial.*

Prisioneros en la URSS: *Al concluir la II Guerra Mundial, la URSS tenía cerca de millón y medio de prisioneros de guerra alemanes. Quienes resistieron el cautiverio regresaron durante la década siguiente.*

III Reich: *Reich significa imperio en alemán. El III fue proclamado por Hitler en 1933 y duró hasta el final de la II Guerra Mundial.*

Santa Klaus *en los países centroeuropeos y nórdicos o Santa Claus, en los anglosajones, es San Nicolás de Bari, obispo mártir en tiempos de Diocleciano. Juega en bastantes países el mismo papel que los Reyes Magos entre nosotros: en vísperas de Navidad se encarga de regalar juguetes a los niños.*

Stalingrado: *Fue la mayor batalla librada durante la II Guerra Mundial. Duró desde mediados de agosto de 1942 a comienzos de febrero de 1943 y costó millón y medio de bajas a ambos contendientes, de las cuales medio millón fueron muertos.*

Wehrmacht: *Ejército de tierra alemán.*

CUENTOS HISTÓRICOS

Títulos publicados

1. El Gran Escarabeo Verde
2. Telón en los Juegos Olímpicos
3. Viaje por Hispania
4. La esclava y el guerrero
5. Los peregrinos de Santiago
6. Aventuras en el Cibao
7. Un espía en la Corte
8. Jean Pierre en la Revolución
9. El tambor de Talavera
10. Los refugiados de la guerra